JN409091

황혼의 엘레지

지성 · 감성의 메타언어
조선문학시인선 · 331

황혼의 엘레지

청봉 김 봉 렬 시집

조선문학사

■ 책머리에

시집 『황혼의 엘레지』를 상재(上梓)하면서 풍성한 은혜와 기쁨을 주시는 하나님께 먼저 감사드립니다.

형이상시에 관심한지 얼마 되지 않아 3집을 세상에 내놓아봅니다. 독자에게 항상 재미있고 깊은 감동을 드리는 시, 깨달음을 주는 시를 쓰고자 노력하지만 에스프리에 근접하는 시상과 시어(詩語)가 부족하여 영성(靈性)의 시를 쓰기에는 노력이 부족함을 자각하고 있습니다.

그동안 많은 문우 선후배님께서 보내주신 주옥같은 시를 접하게 되어 진심으로 감사를 드립니다.

출판을 도와주신 문학평론가 박진환 박사님과 항상 용기를 북돋아주시는 문학박사 이상보 박사님께 깊은 감사를 드립니다.

끝으로 췌장암으로 시한부 인생을 살다가 소천(召天)한 저의 처 권남순 권사님의 명복을 빌면서 그 영전에 이 시(詩)를 바칩니다.

2013. 2. 18

청봉 김봉렬 삼가씀

황혼의 엘레지

제1부
하늘 문

제2부
고운 님

제3부
황혼의 엘레지

제4부
미래의 꿈

제5부
자연 관조

제6부
자아실현

제1부

하늘 문

십자가의 그리스도

하나님을 영화롭게

창세는 영의 세계
아버지와 함께 가졌던 영화가 있다
내게 주신 사명을 내가 감당하고
하나님을 경배하고 경외하는 우리
성령을 받아 아버지를 영화롭게 합시다

생각하고 다짐하는 것은 행함이 아니다
땀으로 눈물로 소통하고 간구하는 것
주님 앞에 기도하고 새 출발하는 날
하나님과 연결하는 통로가 이어진다
하나님의 말씀을 행동으로 옮깁시다

메멘토 모리*(memento mori)

죽음은 혼자서 떠나는 것
누구도 한 번도 안 가본 죽음
모든 것을 남겨두고 간다
두려움이 없을 수 없다
삶의 태도가 달라진다

암환자는 참을 수 없는
고통 속에서 죽어간다
죽음은 폭력이다
통증은 주관적인 감정이다
시한부 판정은
부정 분노 타협 우울 수용의 단계가 있다

밀물과 썰물이 교차하듯이
"나는 살아날 것이다" 하고 믿는다
주사기를 빼고 고함을 지르며
섬망(譫妄) 증세를 보이는 것은
죽음에 대한 저항이다

유산 분배는 가족에게 큰 상처
환자가 마지막 숨을 내뿜은 뒤
심장이 멎는다고 한다
체중이 극소수 가벼워진다
빠져나간 영혼의 무게라고 한다

* 메멘토 모리 : 중세 수도원 수사들이 "죽음을 경고" 하는 인사말. 김영환 호스피스 의사의 기고문 참고.

영혼(靈魂) · 1

일반적으로
교회에서 이분설을 채택하고 있다

육체와 영혼의
이분설을 강화시키고 있다

가톨릭에서는
보편적으로 영혼창조설을 받아들이고 있다

종교개혁가 루터는
영혼유전설을 받아들이고 있으며

칼빈은 영혼창조설에
동조입장에 서 있다

개인의 영혼이 개인의 잉태와 동시에
하나님에 의하여 창조된다

영혼(靈魂) · 2

내 영혼이 은총입어
잉태와 함께
하나님의 창조로
이 땅에 태어난지
어언(於焉) 구십 성상이 흘러갔다

내 심장이 멎는 날
체중은 21g가량 가벼워진다고 한다
내 영혼이 빠져 나간 무게다

내 영혼은 어디로 가나?
내 가슴 두들기고 간 여인들!
베갯가의 꿈은 사라지고
내 사람 생각이 나는 밤

하늘이시여!
슬픔 많은 이 세상 내 영혼
텅빈 내 무덤을 찾아올까?
아니면 천상의 꿈을 꾸고 있을까?
아! 이 세상 끝이여 말세여!

투병 · 1

야래향(夜來香)의 내음이
그대를 부르고
베란다의 화초가
지난날 우리의 보금자리를
행복하게 했지

췌장암 말기
신약개발의 시험대
시한부 인생인가
무거운 가슴을 태운다

"좀 더 잘해주지 못하고"
"좀 더 귀히 여기지 못하고"
"당신만 사랑한다"고
눈물 젖은 그 한마디!

두 주먹으로 가슴을 치고
하늘을 우러러 외쳐보지만
때늦은 후회
왜! 모두들 조기발견을 못했나
미욱한 나를 책망한다

여생을 하나님의 은혜로
항상 기뻐하고
범사에 감사하며
힐링(Healing)은 의사에게
영혼의 안식은 주님께

인명은 재천 하나님께 구원을 바라자

투병 · 2

생명을 위협하는 췌장암
몸과 마음이 하나 되어
잉꼬부부가 되고
만남보다 정이 앞서는 사람

온몸이 붓고
음성까지 변하는 고통
벙어리 냉가슴 앓듯
소리없이 울고 있네

천공(天空)에
걸쳐놓은 은하작교
견우와 직녀가
그립기만 하다

우리도 까막까치처럼
다시 만날 날이 있을까?
꿈 속의 만남은 싫어
다시 만나 회포를 풀어보세

투병 · 3

저 먼 하늘 끝
흰구름 잡으려
훨훨 날아가시나?

"돌아와요"
"돌아와줘요"
내 가슴에서 멀어지려는 모습
못다 핀 꽃 한송이로
남지 마세요

가슴에 떠오르는 슬픈 사연
한(恨)이 되어
측은한 생각 어찌할꼬

목숨이 경각(頃刻)에
혼수(昏睡) 상태로
몸부림치는 그대 안타까워
떠나가시면 안돼!

기도(祈禱)

기도는 하나님과 관계성 안에서
이루어지는 커뮤니케이션*
하나님과의 만남
기도는 대화이다

어려움과 기쁨을
하나님께 고하고
내 행동거지를 하나님께 알리자

기도하고 찬송하는 믿음
하나님을 영화롭게 하고
하나님을 앙모하자

기도는 쌍방통행
응답이 이루어지고
하나님과의 영적인 만남을 깨닫자

* 커뮤니케이션(communication) : 사람끼리 말, 글자, 음성, 몸짓 등으로 사상 감정을 전달하는 일.

힐링워십(Healing Worship)

마음 속에 억압된 감정의 응어리를
행동이나 말을 통해서
발산시킴으로 정신안정을
회복하는 일이 병의 치료로 이어진다

연극과 영화의 비극적인 이야기가
눈물로 마음의 정화를 얻어
희가극(喜歌劇)의 효율로
오감의 만족을 얻어 병의 치료로 이어진다

코미디(comedy)의 희극적인 이야기
익살과 풍자한 연기를 통해서
파안대소(破顔大笑)의 폭소가
카타르시스가 되어 병의 치유로 이어진다

그리스도는 언제나 어디서나
참된 예배자와 함께 계신다
재림하실 그리스도를 대망하는 예배
성령으로 마음이 시원해지고
설교에 심취 감화되어 청복(淸福)으로 행복하다

침묵(沈默)

"보호자는 와 대기하시오"
비보(悲報)를 접하고
치료실로 찾아가 보니
의사와 간호사들의 손길이 바쁘다

침대에 누워있는 아내
땀을 흘리고 있는 의사

"여보! 내가 왔소"
귓가에 입을 대고 말했지만
알아듣는지 모르는지?

환자의 눈동자는 초점이 흐리고
침묵이 흐른다
환자는 하늘나라로 가고 있는가?

나는 마음으로 외쳤다
“하나님 저의 기도에
 응답해 주시옵소서” 하고
간구하였다

가슴이 답답해지고
눈시울이 뜨거워져
눈물이 펑펑 쏟아진다

인생

덧없는 인생
앉아서 죽기를 원하지 않는다
역경(逆境)을 달게 극복하고
일어서는 것이 인생

하나님의 응답은
시간이 흐른 후에도
기쁨으로 찾아온다
마음이 기쁨으로 차면
춤을 추고 싶은 심정

행복은 누리고자 하는 사람의 것
마음이 행복감에 젖을 때
소리 없이 찾아오는 행복!

승리의 영광은
기다리는 자에게 있다
인생행로에서
하나님을 영화롭게 하는
사람의 것이다

수저

이 세상에서
가장 귀하고
아름다운 모습!
손발이 떨리는
고통을 느끼면서
밥술을 떠넣는 수저
말기 암화자의 입

혼자 일어나
삶의 넋을 달래며
그 입에
밥숟갈을 들고
이 밥을 떠넣는 모습!

수저는 이 세상에서
가장 존귀한
아름다운 모습을 베풀지만
환자는 모른다 삶의 축복을

아름다운 모습

췌장암 말기 환자 입에
환자가 밥을 떠넣을 때
지상(地上) 최고의 아름다운 모습으로
내게 다가온다

이보다 행복하고 귀하고
아름다운 모습은 없다
환자에게 밥을 먹이는 일
간병인 없는 공간의 미(美)이다

점점 기가 시들어가는 암환자
눈물이 바다를 이루는 가족들
가슴을 태우는 이 아침
"모두 와 밥 먹어라" 하시던 어머니의 말씀
그때가 내 귀에 선하다

행복 송(頌)

나는 행복합니다
하나님의 넓으신 사랑
정말 정말 행복합니다

나는 행복합니다
주님의 막대하신 은총
정말 정말 행복합니다

나는 행복합니다
성령의 보호하심 아래
정말 정말 행복합니다

한(恨)

은혜와 평강은 간 데 없고
터질 것 같은 이 가슴
무엇이 이렇게 만들었을까?

마음의 상처는 흘러내리고
아물지 않고 곪아 터진다
발견하기 어려운 췌장암
무엇이 이처럼 징벌(懲罰)을 주나?

한 많은 이 세상 약속한 그대
나만 혼자 남겨두고 어디로 가려나?
터질 것 같은 불화산은 터지지 않고
쿵쿵 가슴만 태운다

짧은 인생 살다 보면
아무도 깨닫지 못하는
가슴앓이가 한(恨)으로 남아
오는 백발 슬픔으로 변한다

삶과 죽음

시시각각
죽음을 재촉하는 그대
그대 운명은 내 운명
죽음의 길은 멀기만 하는데
산 자가 헤아릴 수 없다

죽음을 지켜보는 나
누구도 바꿀 수 없는 길
그대와 생을 바꿀 수 있다면
"내가 먼저 가야지……"
나를 하늘나라로 보내주오

생과 사는
하나님이 정해놓은 운명
가슴 속을 애태우는
사모의 정
같이 죽지 못하는 운명

염(殮)

12월 12일 낮 10시
양가 가족이 슬픔에 젖어
지켜보는 중에
특실에서 염(殮)이 진행된다

얇은 내의를 입은
시체를 삼베 천으로 덮고
하체부터 차례로
가슴팍으로 올라가며
수의(壽衣)를 입혔다

얼굴을 천으로 가린 채
머리를 감기고
세안(洗顔)을 한 후
간단한 화장을 했다
미리 입에는 쌀알을 넣고
흰 연고 같은 것으로 입을 막았다

가족들에게 잠시
시체를 주무르게 한 후
인사말을 남기게 하고
마지막 걸 수의를 입혔다

별표 모양 방패를
머리부터 하체까지
묶어 내려가며 7마디 매듭을
지어 다시 묶었다

끝으로 꽃으로 장식된 관 속으로 옮겨
가족들에게
마지막 인사를 나누게 한 후
관 뚜껑을 닫고 염을 끝냈다

관 뚜껑을 닫는 순간
애도의 눈물이 쏟아져 앞을 가렸다
다시는 볼 수 없는 인간의 모습
처음 보는 염습(殮襲) 행사
가족들의 눈물과 울음 속에
엄수되었다

영정(影幀)과 나

내 부끄러운 얼굴로
그대 영정 쳐다보고
또 쳐다보고
물끄러미 바라본다

그대가
나를 내려 보지만
그대 목숨 지키지 못해
우러러 볼 면목(面目)이 없어
이 저녁 삼경(三更)의 안타까움

나의 수줍음이여
내 사랑 영혼의 넋이여!
날개를 접고 오롯이 잠드소서
눈을 감아주소서

내일은 다시 빛나는 태양이
나를 반겨 주리다

병상에서

어느새 저녁 해가
병실 서쪽 하늘에 진다
"아가씨 손목을 잡지 말아요"
투병 중에 표정 없이
그대가 던진 한마디 유머

항상 유머러스한 말씨로
나를 웃기고
교우들을 웃겨주던
방랑객이 아닌 인간 권남순 권사!

원만한 현모양처가
뚜벅 뚜벅 다가오는
사탄의 그림자를 못 본체
웃으며 내게 던진 유머!

늘 병실을 두드리는 구역장이 고마울 뿐이다

췌장암 말기환자의 애절한 호소

식욕이 없어지고
물맛도 모르겠어 음식 냄새가 싫다

팔다리가 힘이 없고
얼굴과 발등이 부어 걷기가 힘든다

숨이 가쁘고 가슴이 두근거리고
손과 발이 몹시 저리고 떨린다

외계가 모두 노랗게 보이고
현기증이 와 정신이 어지럽다

대변색이 검고 설사가 심하며
배 전체가 몹시 아프다

기억력이 소멸되어 가고
말하기가 귀찮고 허한이 난다

눈알이 찜찜하고 눈꺼풀이 내려가고
눈알을 뒤로 땡긴다

위속이 몹시 쓰리고 아프다
밤중에 잠이 깨면 다시 잠들기 힘든다

주 : 사망 45일 전, 조기발견에 도움이 되었으면 합니다.

창일 수양관

포천 금동 1리 고개 넘으면
잣나무 숲이 울창하게
병풍처럼 둘러싸여 있고
그 중앙에 수양관이 장엄하게
궁전같이 자리 잡고 있다

수양관과 축구장 사이에
계곡의 맑은 물이 흐르고
가을이면 은행이 무르익어
하늘 높이 시원한 바람이
수양관을 맴돌고 올라간다

창일동산 수양관은
내 마음과 영혼의 쉼터
찬양과 기쁨을 노래하고
사랑으로 모두들 감싸 안으며
이곳에서 잠시 속세를 잊는다

수양관은 하나님이 주신 동산!
잣나무 숲은 해마다 푸르게
우리를 반가이 맞아주고
기도소리 찬양소리 울려퍼지며
영광을 주님께 드린다

하나님은 생명의 능력
자신을 고백하고 회개하며
두 손 들고 주님을 영접하자
하나님을 경배하고 사랑하며
내일의 행복과 꿈을 가꾸자

애정과 창조

사랑에 대한
애정과 동경은
예술에 대한
창조와 기대라고 한다

아내의 보이지 않는 알뜰한 사랑이
내게 시(詩)를 쓰게 했고
그림을 그리게 했다

나를 감싸주는 아내의 무한한 사랑이
내 성장의 동력으로 나를 이끌어 주었다

사랑은 예술을 낳게 했고
내 예술은 아내의 자랑의 힘으로 승화했다
시와 그림의 전도사가 되었다

예술은 사랑이 있기에 꽃으로 피고
긴긴 아름다운 사연을 남기게 했다
나 역시 그대 뒤를 따르리니……

가까워지는 임종

가까워지는 임종시간
죽음 앞에 인간은
속수무책
너무도 무력하다

내 가슴을 찌르는
비수 같은 외마디 소리
"나 좀 살려줘요!"
시시각각
시들어가는 꽃잎과도 같은
이 인생 이 아픔

멀거니 바라보는
창백한 얼굴
내일이면 조금은 좋아지겠지
희망마저 소멸되는 날!

제2부

고운 님

사랑의 과시

보고 싶은 얼굴

새록 새록 생각나는 그대 얼굴
그대 손길이 닿았던 곳
그대 마음이 새겨진 곳
알뜰하게 찾아와
독수공방 이 한 몸 어찌할꼬

어제도 오늘도 그대 목소리
귓가에 다정하게 들려와
보고 또 보고 싶은 얼굴
알뜰하게 찾아와
밤마다 떠오르는 그대 얼굴

회상(回想)

눈망울 굴리면서
떨어지는 눈물을 닦고
먼 하늘을 우러러 본다

허구(許久)한 날 설화를 실화처럼
꾸며대며 사는 인생
등 굽은 망구(望九)의 늙은이
무슨 소용이 있나?

지팡이에 의지하여 가다가도
어쩌다 넘어지면
고뇌에 찬 표정으로
대지를 박차고 일어섰지

명산(名山)을 찾아가던
날렵한 몸매는 어디가고
굼벵이 천묘(遷墓)하듯
굼뜬 사람이 되었나?

동경(憧憬)

사랑보다는 정
애타는 사연
헤아릴 수는 없어도
그리움은 산을 넘고
바다 건너 구만리
연리지(連理枝)보다 깊어간다

허공에 불러보는 너의 이름
흩어진 메아리 되어
못다 이룬 태양 아래
마음의 순정을 그리워 한다

해후(邂逅)

우연히 정곡(正鵠)을
찌르는 해후
두 가슴 울려 주는 사연
해후상봉은
생각도 못했지

만나고 헤어짐
천상(天上)의 인연인가?
그토록 가슴 태우던
한줄기 바람

방긋 웃는 입가에
신라 천 년의 막새의 미소가
부럽지 않는
해맑은 얼굴이 떠오른다

연심쇄(連心鎖)

서로 사랑을 맹서(盟誓)하지만
허전한 마음 한구석
헤어지자고 하면 어쩌나?
굳게 결의하고도 아쉬움이 남아
자물쇠를 채운 뒤
던져버리는 열쇠

연심쇄는
서울 남산에 있고
중국 천자산 장가계(張家界)에도 있고
세계 곳곳 관광지에도 있다

되돌아 가고파도 열쇠가 없다
백년해로(百年偕老)의 언약
연심쇄를 열어 취소할 수도 없다

사랑은 영원한 것
젊은 날의 추억
마음의 연심쇄를 채우고
서로 의지하고 살아갑시다

다문화 가족

국적이 다르고
얼굴빛이 다르고
언어가 달라
생활이 여의치 않다

먼 나라에서 시집 와
역경을 이겨가며
시부모를 섬기고
자녀를 낳고
가정을 이룬다

수 년 수십 년
고생 끝에 친정을 방문
쌓인 향수의 정
가슴에 차
눈물이 앞을 가린다

주고받는 혈육의 정
웃음이 있고
눈물이 있고
사랑이 넘쳐
인지상정(人之常情)
친숙한 형제가 된다

이국 타향살이
정 들면 내 고향 되는 법
뜨거운 정이 흐르고 넘치는
이내 내 조국이 된다

초여름 밤의 꿈

우리는 말이 없어도
눈빛 하나로 깊은 정과 통할 수 있어
아무도 모르게 주고받는 정

웃고 우는 세상
사랑은 깊은 곳에서 솟아나는 것
아무리 감춘다해도
덮을 수 없는 신실(信實)한 사랑

내 등 뒤에 선 그대
"속 시원하게 말해 봐요"
변하지 않는 내 마음
백년해락(百年偕樂)으로 받아주구려

그대가 쏜 화살 내 가슴을 뻥 뚫었네
내 가슴 채우는 것은 그대 사랑일 뿐
아! 초여름 밤의 꿈이여!

정(情)

살아생전 못다 한 이야기
훨훨 바람에 날려 저 먼 하늘나라로 보낸다

임은 가셨지만 그 모습 남아
영정 속에서 걸어나와 내 가슴에 안기네

한번 왔다가 돌아가는 게 인생이어늘
어찌 붙잡을 수 있나?

"이것이 마지막 키스야!"
나를 붙잡고 붕어 뽀뽀하던 당신

아! 슬프고 가엾다
"미련 없이 가시구려"
하늘나라 하나님 곁으로

천국의 영원한 명복을 엎드려 빕니다
사랑하는 아내에게

사랑의 미소

좋아서 만났지요
입가에 웃음

사랑의 미소
눈물의 키스

파도가 물결치듯
가슴의 고동소리

그대의 입술
사랑의 미소

마음의 장미
당신께 드립니다

한방울의 영롱한 이슬
복 받치는 감동의 눈물로

그러나 혼자
떨지는 않겠어요

그 달 밝은 저녁
만남의 기쁨이 녹아

미소가 눈물 되어
빛나고 있었지!

열애(熱愛)

끝나지 않은 인연
넘어야 하는 그리움
흩날리는 낙엽 따라
이름 모를 호숫가에 머문다
소리 없이 오는 황혼
비나리를 치면서
"헤어지기는 싫어"
애원하던 그 입술
달디 단 열애의 꿈인가?

해맑은 그대 눈동자
십자성 같이 빛나고
순정을 불태운 붉은 장미화
내게 손짓을 한다
내 마음 달래주는
부드러운 혀끝
못다 한 열애의 형적(形蹟)인가?
바삭거리는 낙엽소리가
나를 잠 못 이루게 한다

여보 당신

아름다웠던 지난 날
춘향과 이 도령처럼
"여보", "당신" 부르며
유달산 기슭에서
하루해가 짧았었지

젊음은 참 좋은 것이랴!
젊음의 행복과 희열을 잊은 채
'아차' 하는 순간
연륜의 수레바퀴는 돌아가고 있었다

후회한들 무슨 소용이 있으랴?
뒤늦게 철이 드는 것을
모든 것을 두고 가야하는 운명
인간의 삶은 너무도 허무하다

유언 아닌 유언

"내가 왜 이래?"
"가슴이 무겁고 답답해요"
"배 전체가 몹시 아파요"
"숨 쉬기가 힘들어요"
췌장암 말기환자의 호소

이 답답하고 고통스러운 심정
"어떻게 치유해 주어야 하나?"
아내의 답답한 가슴
시원하게 해줄 수는 없는지
무능한 내가 한없이 죄스럽다

내 가슴이 찢어질 듯 아프다
문병하러 병실에 들어가는 순간
불시에 포도알이
환자의 입에 들어가는 모습을 보았다

인간의 본능이지만
내게는 귀하고 아름다운 장면
병상의 사랑스러운 아내의 모습
천사가 아닌가 내 눈을 의심했다

마지막 커트

생각하면 무엇하나?
가슴에 차오르는
당신 생각

이번이 마지막 커트
마다하지 않고
무거운 몸으로 기꺼이 커트를 해주었다

방바닥에 떨어진 백발
앞날을 예고하듯
소복히 쌓여 나를 슬프게 한다

20년 세월
한번도 이발소에 가지 않고
당신 손에 커트하고 살았다
나는 구두쇠였나?

그대 손끝이 닿는 곳
사랑이 넘치고
가슴이 시리도록 고맙기만 하다

그 집 앞

돌담길 그 집 앞
어두운 창문에 불이 켜진다
납덩이처럼 무거운 밤하늘
창문에 아롱거리는 그림자

마음속 폭풍이 몰아치며
묻어둔 생각이 침묵을 깨고
달랠 수 없는 그리움
보름달과 함께 다가온다

나뭇잎 비바람에 날리고
찬바람이 옷깃을 스칠 때
그녀를 불러보고 싶지만
외로운 창문에 불이 꺼진다

입을 맞추며

기회는 오고
이것이 마지막 나의 키스
혀를 내미는 순간

유머에 감춰진 그대의 사랑
빨리도 지나가는
그대의 입맞춤

혼자서 고독을 씹는 밤
시를 읽고
시를 쓰고
그림을 그리나

그대의 한마디
사랑 노래만 못하리다
키스의 달콤한 추억

저만치 멀어져 간 당신

바람에 날리는 눈꽃송이
저만치 멀어져 간 당신
텅 빈 가슴 태우는 이 거리
잊혀지지 않는 꿈결 속의 그림자

오이씨 같은 버선코가
누워 잠자던 지난날의 추억
하루도 잊은 적 없는 그대 생각
해님과 달님이 넘나드는 그 고개

연분홍 꽃잎 밟으며
길 떠난 멋쟁이 총각이
꼬부랑 고갯길 너머
어여쁜 당신이 그리워질 때

눈물자국 밟으며 떠나간 당신
흰눈 고인 눈물이 녹아내릴 때
붙잡던 옷소매 뿌리치고
희미하게 멀어져 간 당신 그립다

제3부

황혼의 엘레지

소양강댐의 황혼

황혼의 엘레지*

학발(鶴髮) 노인
텅 빈 가슴
사양(斜陽)길 황혼에서
시(詩)가 비가(悲歌)되어
소슬바람이 안고 간다

가을 벌판
갈대 숲속
길 잃은 미로에서
황혼길 번루(煩累)로
들꽃과 함께 옷소매를 적신다

* 엘레지(elegie) : 프랑스어로 비가(悲歌), 애가(哀歌), 만가(輓歌).

그대 목소리

꿈결 속에 들려오는 그대 목소리
귓속에 은은하고
낭랑(朗朗)하게 들려온다

은쟁반에 옥구슬 굴리듯
목소리 정다운 그대 음성
내 맘 속에 아롱거리는 미성(美聲)이
내 가슴을 흔들어 놓는 밤

멀리 있어도 세레나데 같은 목소리
아름다운 향기로 변해
촉촉히 내 가슴 적신다

목소리에 반해 사랑을 고백하고
영롱(玲瓏)한 그대 음성
달콤한 꿈의 주인공의 미성이
내 가슴을 불태워 흔들어 놓는 밤

아! 옛날이여

또 다른 인연
사랑은 샘물 되어
바보처럼 가슴 죄던
그 시절 서글퍼진다

고독을 감추고 그랬듯이
"나만 사랑한다고"
청춘을 사로잡던 열정
엊그제 같은데

초겨울
사랑의 달빛 아래
마음의 창문을 열고
슬픈 인연 태우며
말없이 걷던 두 사람

가슴에 스며드는 옛 추억
꽃피던 내 가슴에
새록새록 돋아나와
그대 향해 울고 말았지

와이(Why)

왜 울고 웃느냐?
"왠지 네가 좋아!"
"왠지 네가 미워!"
사랑과 증오
곡해가 오해를 낳고
소리 없이 멀어져간 사람

이제는 생각도 하지 말자
다시는 만나지도 말자
이별을 다짐하고 맹세했지만

그리는 정 앙금이 남아
울며 애원했지
만남과 헤어짐
옷소매를 적시며 떠나갔네

끝났구나! 끝났어!
모두가 실종된 꿈이었어

황혼(黃昏)

강산도 변하고
인정도 변해
그 중에 이 몸도 늙어간다

만남과 헤어짐이
아쉬운 인생
그대의 주름 잡힌 따뜻한 흰손
그대가 가는 길은 어디인가?

대답없는 메아리 속에
한줌의 모래알과 같은 삶
가슴 죄며 부르다가
지쳐버린 내 인생
우리가 가는 끝은 어디인가?

아! 출렁이는 바다여!
태양을 삼켜버린 바다여!
출렁이는 붉은 파도 바라보며
한가닥 추억 속의 꿈을 더듬어

오늘도 헤매 도는 황혼길

방황(彷徨)

인생유전(流轉)
정처 없이 헤매이며
장돌뱅이처럼 떠돌다보니
한 세기가 훌쩍 가네

고독한 생애(生涯)
갈팡질팡 인생을 방황하다 보니
유성(流星)처럼 사라져가네

별빛과 달빛 품고 밟으면서
떠돌이 한 세상이
망향(望鄕)의 두견이가 되었네

잊을 수 없는 사람들!
정이 오고 가던 사람들
긴 한숨의 사연 쌓고 또 쌓다 보니
어언(於焉) 인생의 황혼일세

낭만(浪漫) · 1

젊은이의 꿈과 낭만
백사장 모래알이
비길 데 없이
물결에 흔들린다

꽃도 잎도 진 가지 위에
낭랑(朗朗)하게
떠도는 배곯은
이름 모를 물새들!

소리 없이 흐르는 눈물
감미로운 낭만을 찾아
한 잔 술에
녹아내리는 로맨티시즘

세상 끝이 보이지 않아
먼 산을 바라보며 목 메이는
못 잊어 그리운 사람들!

목포항

호남선 종창역 목포항
태어난 고향은 아니지만
어쩐지 고향 품에 안기는 느낌
향수에 젖은 이난영의 "목포의 눈물"
가슴이 뭉클해진다

아련한 지난날 36년의 아픔
이처럼 왜 내 가슴을 흔드는가?
멀리 수평선을 바라보니
정감이 앞서는 낮은 유달산
찡하고 눈물이 흘러내린다

가슴 죄는 감회(感懷)
지금은 섬이 아닌 삼학도
외로운 사나이가 부는 색소폰 독주가
쌓이는 가슴의 앙금으로
녹아내리는 "목포는 항구다"

눈물에 젖은 노래

눈물에 젖은 내 노래
가을 벌판에서
추억으로 간직하기 어려워
가슴에 움켜쥐고
우러러 먼 하늘을 보며
너를 외쳐 불러본다

슬픔에 젖은 내 노래
끝없는 지평선에서
흩날리는 단풍잎과 같이
한가닥 상념(想念)이 되어
창공에 떠오른
너를 외쳐 불러본다

만추(晩秋)

겨드랑이를 파고드는
소슬바람

초저녁 창공을 울고 가는
저 기러기 행렬

낙엽은 사정없이
내 빰을 후리고

스치는 바람에
두 줄기 눈물이 흘러

가슴앓이도 아닌데
손수건을 찾는가?

왜?

병실

13층 병실 창너머 멀리 산 능선이
와우(臥牛)처럼 누워 아파트를 안고 있다

어둠이 깔려오는 창가에 앉아
그대를 지켜보는 나
병상에 홀로 앉아 아픔을 달래는 그대

간병인은 자리에 없고
인생의 생사화복은 한줄기 꿈결이었나?

무심코 던지는 한마디
'물 좀' 병자는 갈급증이 심하다

시한부(時限附) 인생의 서글픔
"모든 것을 하나님께 맡기자!"
하나님은 우리를 사랑하십니다

주마등같은 인생

물거품이 된
젊은 날의 꿈

믿음 생활
그 시절의 꿈

목사님의 설교
내 마음의 양식

삶의 능력이며
따뜻한 구원자

성가대의 찬송
내 영성(靈性)의 사랑

우리 한 번 더
여보 당신 하고 안아보세!

옛 추억도 꺼져가네
삶의 장막 속으로

하나의 희미한
초점으로 남았네

인생회고

청춘 남녀가 서로 만나 사랑을 하고
결혼이란 멍에를 메고 단꿈을 꾸며 산다

세월이 흘러
둘 중 한 사람이 먼저 가면
인생의 비극은 시작된다

아름다운 꿈은 깨지고
달콤한 첫사랑의 정도 흩어져 사라진다

세상살이 너무도 힘들고
새로운 동반자를 만나 산다
희로애락(喜怒哀樂) 비극은 참극을 낳고
인생의 고애는 두 사람을 덮친다

눈에 보이지 않는 현상이 보이는 전쟁으로 변한다
걱정이 구름처럼 몰려와
고달픈 삶의 장막 속으로 바꿔 놓는다
걷잡을 수 없는 근심 걱정이 쌓인다
인생은 결코 단순치 않다

이별

태양 빛을
가슴에 안고 온 사람!

달빛을 등지고
떠나가느냐?

하고 많은 날
하필(何必)이면
한사코 이별은 왜?

겨울바람에
옷소매 적시게 하나?

가슴 시원한
소식은 없고

한강수가 나를 부른다
이별이란 슬픈 것이라고

고목(枯木) 아닌 고목(古木)

인생 고참
모두 회갑 고희 팔순의 고개를
용케 넘어 온 동창 동기들이여!

이 시대에
기라성(綺羅星) 같은 동기들이
낙엽처럼 하나 둘 떨어져 가네

세월이 무심하여 구순을 바라보는
고목(枯木) 아닌 고목(古木)이 되었네

한 번은 가야하는 운명의 삶
대답 없는 불귀의 객이 되어
메아리도 없는 그리운 동기들?

속세에 빚진 죄 내려놓고
추억 속에 잠긴 얼굴들이여!

잔을 기울이던 때가 엊그제인데
한줌의 모래알처럼 떨어져 가네

한지붕 서울의 하늘 아래
헤어지기는 싫어 또 만나세

이름을 불러주던 그리운 동기들!

처우(凄雨)

삭풍(朔風)은 나무 끝을 스치고
해는 서산에 진지 모래다
애수(哀愁)에 젖은 나그네
사랑방 손님이 되어
하룻밤을 신세지기로 머문다

밤도 이슥하고 정적이 찾아들어
처연(悽然)히 들려오는 통소소리
번뜩이는 영감(靈感)은
홀로 있을 때 주어진다

누구를 그리며 부는 통소소리인가?
귀신도 울고 간다는 애끓는 멜로디
처우(凄雨)는 뒤켠 툇마루를
적시며 장단을 맞춘다

영혼의 시어(詩語)를 사용하는 시인처럼
사랑방 손님의 통소소리가
갈대와 같이 춤을 추며 노래한다
낙엽들도 한구석에 모여
통소소리를 듣는가?

췌장암 말기환자

하루에 두 번
병상을 드나들며
"오늘은 기분이 어떤가?" 하고
매일 같은 인사말을 했다

말기 암환자의 통증은
조금이라도 덜어주는 게
완화의학 전문의사와
호스피스의 역할

치유하기 어려운 췌장암
시들어가는 운명 앞에
하나님의 기적을
바라볼 수밖에 없었다

죽음 앞에 인간은 무력하다
대신 내가 죽고
젊은 그대가 회생하는 것이 순리다

죽음의 길도 같이 가자던
지난날의 약속 죽지 못해
혼자 병동의 복도를 서성인다

하루만 더 이 생명을 연장할 수 없는가요?
우러러 하늘을 향해 간구했다
권남순 권사님의 병을 치유해 주소서

엎드려 두 손 모아 하나님께 간구하나이다

그대 없는 이 밤

혼자서 걷는 이 밤
그대 없는 이 밤은
맥 빠진 비어(Beer)와도 같다

비에 젖어 걸어도
눈비를 맞으며 걸어도
그대 없는 이 밤은
신기루에 젖는 밤이다

춤추는 군상
노래하는 무희들도
나를 고독하게 한다

멀어져 간 그대여
그대 없는 이 밤이
슬픔에 싸여간다

외로운 밤

넘치는 감정 추억의 노래
눈물이 흘러내린다
마음은 천리 먼길
희망과 절망이 엇갈려 꼬인다

밤길이 어두워 넘어지니
태산이 무너지는 소리
절망이 발끝에 뒹굴어
외로워지니 분하고 원망스럽다

불러도 대답 없는 그대
밤이 이슥하도록
미덥지 않는 생각에
독거노인 북극성을 바라본다

제4부

미래의 꿈

인천대교 개통과 나로호

K 뷰티(K Beauti)

K-pop 못지 않는 K 뷰티
한류 열풍의 새 동력으로 치닫고 있다
K-pop이 보여주는 남녀의 용모가
세계인의 눈을 사로 잡았다

한국 여성의 뷰티
혜원 신윤복의 대표작
조선시대의 미인도에 나타나 있다

은행알 같은 눈매 새침한 입술
하얀 피부 과하지 않는 꾸밈의 매력
미색 저고리에 옥색 치마로 받쳐 입은 요염한 미인도

매끄럽고 촉촉한 피부와 탄력을 간직한 신선미
K 뷰티에 대한 새로운 이미지가
세계인의 경연대회에 내놓아도

한국의 남녀가 손꼽히는 것은
한국 화장품과 한국식 화장법의 개발에 있다고 한다

인간 피터 힉스*의 미소

두 번째로 학술지에 논문을 보냈다
"더 이상 물리학이라고 볼 수 없다"는
이유로 게재를 거절당했다

힉스(Higgs)는 우주대폭발(빅뱅)
직후 나타난 기본 소립자에
질량을 부여한 신(神)의 입자로 가장된
입자를 붙잡은 것이 바로 힉스다

피터 힉스는 1964년에 질량을 부여하는
신의 입자를 힉스로 가정하고
48년이란 긴 세월동안
힉스의 존재를 주장한 자기의 제안을
굽히지 않고 기다렸다

2012. 7. 4 CERN* 에서 신(神)의 입자
힉스가 발견되었음을 발표
수모(受侮)를 겪으면서 오늘이 있기를
기다린 피터 힉스의 인내심과 자부심 통찰력!

힉스 "당신의 생각이 옳았소" 하는 찬사에
입가에 미소를 머금었다

힉스 입자가 있어야 우주만물의
탄생을 설명할 수 있다

* 피터 힉스 : 83세로 영국 에든버러대 명예교수.
* CERN : 스위스 제네바에 있는 유럽입자물질연구소.

별

사람이 죽으면
"하늘나라의 별이 된다"는 옛말
과학자들은 맞는 말이라고 한다

150억 년 전 우주대폭발(빅뱅)로 인해
더 복잡한 원소가 만들어졌고
이들이 모여 하늘의 별(星)들이 되었다고 한다

내 가슴에 가득 찬 별의 입자(粒子)
죽어서 하늘나라의 별이 된다고 한다

우리는 이 세상 끝날 때까지
밤하늘에서 반짝거리는 별로 남을 것인가?
죽어서 우리 몸은 풍진(風塵)이 되지만
우리의 영혼은 영원히 하나님 곁에 있다

주 : 립(粒) – 쌀알립

윈드서핑(Wind Surfing)

여수 수호 요트장
굽이굽이 몰려오는 격정의 파도에
젊은이들이 바람에 몸의 리듬을 맡기고
거친 파도에 맞서
Wind Surfing을 즐기고 있다

멋진 바다의 사나이들!
수없이 밀려오는 파도를 타고
함께 부서지는 시원한 Wind Surfing
밝은 태양 아래 망망대해에서
구릿빛 검붉은 얼굴
미끈한 몸매와 강한 의지의 사나이들!

흰구름 떠오르는 푸른 물결 위에서
결승점을 향하여 바람에 몸을 맡기고
앞서거니 뒤서거니
각국의 선수들과 겨루면서
수상경기를 펼치고 있다
결승점에 먼저 닿는 자가 승자다

시인의 뇌

창조물은 "뇌"에 의해
실체로 표현된다
시는 언어로써
사물에 옷을 새로이 입히는 것이다

시를 감상할 때
작가의 정신생활은
여러 현상에서 살필 수 있다

감동이나 생각을 사물로 표현할 때
시심(詩心) 운율(韻律) 비의(秘意)를
통해서 알 수 있다

좌뇌형 우뇌형 시인의
작품세계도
다른 점이 있다

큐리오시티(Curiosity)*

인간의 달 착륙으로 달의 신비는 시들어 갔다
어릴 때 달을 보고 느기던 정서는 허구로 끝났다

태양의 행성에 대한 인간의 꿈도 하나 둘 허구가 되어간다
날이 가면 달이 가고
달이 가면 해가 가는 것은 우주의 섭리다

8개월을 넘어 5억 6700만km를 여행
큐리오시티는 화성에 연착륙
임무는 생물의 흔적 탐사다

태양의 행성 화성
화성의 전설 인공운하가 있다느니
화성에 생명체가 산다느니
큐리오시티의 연착륙으로 허구로 드러났다

인간의 화성에 대한 호기심도 시들기 시작했다

* 큐리오시티(Curiosity) : 미 화성탐사선.

W 필하모니 오케스트라

감독 겸 상임 지휘자 김남용
피아노 최영화
교향곡을 감상하는 기회가 없는 나에게
기회가 왔다

2012 명교향곡 시리즈를
지휘자의 설명을 곁들여 감상하고
손녀의 비올라의 연주를 감상하게 되어
기쁘기 한량없다
비올라 독주회의 날을 기대해본다

전반부
모차르트 피아노협주곡 제21번 C장조
쾨헬 467
피아노와 관현악이 서로 반복되는 짜임새
아름다운 선율을 바탕으로 독주 및 화합으로
마치 대화하는 느낌을 주었다
청중을 천상의 세계로 인도하는 듯하였다

후반부
차이코프스키 교향곡 제4번 F단조
작품 36
아름다운 구성이 관현악의 현란한 가치를
한층 높여 주었다
차이코프스키가 불행한 결혼에
괴로워하던 시대의 산물로
일명 '운명의 교학곡'이라고
요약할 수 있다고 한다

주 : 노원문화예술회관 8 : 10 PM 7 : 30

꿈이란

지상에서 영원으로
바람 따라 올라갈 때
모든 것은 환영(幻影)이 되어
영(靈)의 나라로 소멸된다

꿈은 현실에서 충족되지 못한
희망을 꿈으로 옮겨
몸과 마음의 균형을 유지하도록
바꿔 놓는 환상(幻想)이다

꿈은 현실과 대조적이다
현실세계의 자극에서 벗어나려는 생각
상상이 꿈이 되는 현상
누구나 한번쯤은 체험해본다

꿈을 과학적으로 해결해보려는
지그문트 프로이트*
우주 빅뱅이 일어날 때
모든 것을 흡입시켜 반대 방향으로 분출될 때
풍진이 되어 우주에 가득찬다

* 지그문트 프로이트 : 오스트리아의 심리학자이며 정신과 의사. 『꿈의 분석법』 이란 저서를 써냄.

F1 코리아 그랑프리

첫날 연습 주행 60억 ; 24명
24명의 괴물 포효(咆哮)가 터졌다
12일 전남 영암 코리아 서킷*

제각기 차체에 단장을 한 F1 머신들!
서킷에 들어서면서
굉음과 속도의 경쟁이 시작 되었다

세계적 드라이버들이
실전 같은 연습 주행을 펼치고
총알을 탄 사나이가 되어
야수처럼 쾌속 질주 하는
영암 서킷의 그 열기!

14일 코리아 그랑프리 결승 레이스의 날
처음부터 끝까지
독일의 페텔(25세)* 이 영암을
뒤흔들어 놓았다

알론소(31세, 스페인)를 제치고
페텔이 시즌 랭킹 포인트
1위(215점)로 뛰어올라
코리아 그랑프리 2연패에 성공했다

사흘동안에 16만 4000여 명의
관광객이 몰렸다

* 전남 영암 코리아 서킷 : 5,615km로 세계에서 세 번째로 길다. 총길이 308,83km(총 55바퀴)로 시계 반대방향으로 달린다.
* 페텔의 기록 : 5,615km의 서킷(55바퀴)를 1시간 36분 28초 651에 주파.

뇌(腦)의 작용 · 1

뇌는 마음의 창
뇌는 소통을 통해
인간을 사람답게 해주는
핵심 열쇠다

뇌의 3T(IT, BT, MT)를 아우르는
융합 부분의 대표
뇌질환 치료
인간과 로봇의 융합
꿈의 슈퍼컴퓨터 개발

인체가 소비하는 산소량
20%를 소비하는 뇌
인간 최후의 미개발 분야
뇌의 개발에 힘쓰자

주 : IT(정보통신), BT(생명공학), MT(나노기술)

뇌(腦)의 작용 · 2

뇌는 인간의 실체를
표현하는 유일한 기관이다
모든 창조물은 뇌의 작용에 의해
실체를 표현한다

수학 위주의 좌뇌성 교육
창의성이 죽어간다
우뇌성 아이는 우뇌의 감으로
수학을 한다

우뇌성 아이에게
수학은 많이 공부시켜도
좌뇌가 개발되지 않는다
우뇌성 창의성만 죽일 뿐이다

좌뇌를 쓰게 하는 교육
아이의 머리를 확인해야 한다
나이에 따라 뇌가 발달하고 속도가 다르다
6~12세(초등)가 가장 빠르게 발달한다

뇌(腦)의 작용 · 3

좌뇌성 시인의 작품
추상적이며 간결하고
직관적 판단으로
솔직하게 표현하는 경향이다

우뇌성 시인의 작품
구성적이며 구절구절
지면을 채우고
구체적인 사유(思惟)를 통한
감각을 표현하는 경향이다

인간의 능력은
공부, 정성, 감성, 행동이
지능지수에 따라 다르다
뇌 연구가 미래 국가 발전의
원동력이 된다

뇌(腦)의 작용 · 4

닫힌 문을 열지 말고
열린 문으로 들어가라
인간의 뇌는 우주를 담고도 남는다

뇌가 활동하던 센서(Sensor)는
그가 계속 활동하려고 한다
다른 센서를 가동시키면 배타적 기능이 활동한다

갈고 닦는 길을 가려고 하는 것이 뇌이다
사고력의 상호 길항(拮抗) 운동은
두통이나 스트레스를 수반한다

충격과 이탈은 계속 된다
태양의 행성까지도
단숨에 가고 오는 것이 뇌의 작용이다

인간의 능력은
지능과 두뇌의 특성에 따라 다르게 나타난다
전문교육을 받아야 개발된다

뇌(腦)의 작용 · 5

동양에서는 마음은 심장에 가깝고
서양에서는 마음은 뇌에 가깝다고 했다
그들에게는 마음을 뜻하는 마인드(Mind)와
가슴을 뜻하는 하트(Heart)가 따로 있다

4,000년 전 이집트에서는
'미이라'로 보존하기 위해
'뇌'는 인정사정없이 제거하고
'심장'은 그 사람의 존재를
상징하기 때문에 보존해야 했다

뇌를 우주적 정기가 머물던 공간이고
이를 심장으로 불어넣는 펌프로 생각했다
영혼의 역할은 심장과 간이 담당하고
감정 욕망 식욕도 뇌의 작용을 통해서
이루어진다고 믿었다

뇌질환이 인간을 고통스럽게 한다
치매환자는 암환자 수를 초과하고 있다
뇌질환의 극복이 인류의 미래가 달려 있다
뇌 연구가 국가 발전의 성공 동력이다

발레 한국

노래를 춤으로 표현한다지만
말이 없는 춤의 예술 발레!

코슈즈를 신고 발끝으로 걸으며
W.J.R.를 해야 하는 까다로운 발레

백조의 호수 호두까기인형 등이 가끔 즐겁게 하지만
선진국이 독점하는 발레 우리도 할 수 있다

우리나라 발레계의 아이돌이 뜨고 있다
발레의 저변확대로
생활 속에 뿌리를 내리게 하자

국립발레단과 유니버셜 등이 공연하지만
국민의 호응에 미치지 못한다

일본에 진출한 발레리노들이 인기가 높다
주연뿐만 아니라 군무멤버(무용수)까지도

다리가 길고 몸매가 뛰어난 것이
자랑스럽다고 한다

주 : W(walking), J(jump), R(revoive)

나로호(3차) 우주를 향해 날다

전남 고흥 나로호 우주센터
위성궤도에 진입하기 위해
카운트다운에 들어가고

30일 PM 4시
5초 4초 3초 2초 1초 0초 발사!
하늘로 치솟는 나로호는
굉음과 한 꼬리 화염(火焰)을 뿜으면서
발사된 지 9분만에
100kg급 과학위성을 고도 305km
지구궤도에 올려놓는데 성공했다

동체가 수직 중심을 잃고
좌우로 약간 갸우뚱했을 때
내 가슴은 철렁했었다

바른 중심은 수직으로 잡고 마(魔)의 시간을
돌파하고 하늘 문이 열렸다
온 국민의 가슴에 환희의 단비가 내렸다

우리는 해냈다
우리는 위대하다
대한민국 만세!!
우주로켓 나로호가
우리에게 승리의 영광을 안겨 주었다

30일 PM 5시 26분
지구 반대편 노르웨이와 첫 교신 성공
세계에서 우주로켓 발사 성공한
11번째 국가가 되었다

인천대교

– 서사

푸르고 넓은 바다 위의 하늘 길!
송도 국제도시와 인천공항을 15분대로 잇는 다리
인천대교는 우리나라의 미래다
육해공 어느 편으로 보아도
아름다운 다리 한국의 랜드마크*

주탑의 높이는 230.5m 남산의 높이
주탑은 인천대교의 수호신이라고 부르고 싶다
하프의 현(絃)과 같이 주탑 꼭대기에서
케이블을 걸어 삼각형으로 주경간(柱徑間) 800m에
간격을 두고 상판에 고정시킨 사장교이다

대교는 세계 사장교 순위 5번째로 긴 다리
해상 사장교이다
교량의 길이는 21.38km, 폭 31.4m
왕복 6차선 기간은 교량의 높이
해수면 위로 주경간 구간 74m
주경간은 대형 선박이 드나들 수 있다

초속 72m 폭풍과 진도 7의 지진도 견디며
다리의 수명은 100년을 넘는다
차량통행량은 매일 평균 34,000대 이상
전망대에 오르면 대교는 한눈에 들어온다

서편 바다를 바라보니 시원하게 연이은 대교
낙조가 구름에 들어 저녁빛이 황홀하다
바닷물과 바닷바람을 헤치며 달리는 차량들
돌아온 물새들도 바닷물에 잠기다 날아간다

꼬리에 꼬리를 물고 달리는 차량행렬 속에
길고 큰 서룡(瑞龍)의 등을 은색 가마를 타고
주경간을 달릴 때 하늘 위로 달리는 기분
인천대교는 번영의 다리
동북아 물류 비즈니스 중심국가의 허브교량이다

관광 상품 개발 투어(套語) 프로그램
유람선 코스도 마련
인천대교 뷰포인트(View Point) 8경 선정
도시축전으로 해상 마라톤걷기대회 은륜의 퍼레이드
반환점 주탑 밑을 돌 때 주자들의 탄성이 터진다

* 랜드마크(Landmark) : 두드러진 특색 역사적 의의가 있는 다리.

땀과 향수

모든 사람을 휘어잡는 향수가 개발된다
외부 침입자를 면역시스템이 인지하여
방어하도록 하는 물건이 MHC* 이다
MHC는 맞춤형 향수로
자신의 체취를 보완하는 좋은 수단이다

부부가 한 방을 쓸 때 땀 냄새는 중화된다
지하철이나 버스 또는 길을 가다가
좋은 향수 냄새가 코끝을 스칠 때
그 여인을 뒤돌아보게 하는 매력적인 향수
맞춤형 향수는 이성을 이끄는
지상 최대의 향수이다

* MHC : 주조직 적합성 복합체

제5부

자연 관조

달과 장성(長城) - 용와취령(龍臥翠嶺)

적막(寂寞) 강산

해 떨어지면
땅거미가 찾아와
강산은 한순간
적막에 싸인다

칠흑 같은 밤
스치는 사람도
누구인지 몰라
강산은 냉엄하다

서로 생기침을 하고
혹시 지면(知面)인지도 몰라
도랑창에 빠져도
둘이는 말없이 스친다

정밀(靜謐)한
태평세월
세월 따라 가고 온다

폭염

대지를 불태우는 34.5℃
대지는 메말라
거북이 등껍질 같이 갈라진 저수지
바닥이 터지고 먼지가 날 지경

웃통을 벗고 등목이라도 해야
속이 시원할 것 같다
골치가 지근거리고
뙤약볕이 눈알을 땡긴다

말매미 울음소리가 시끄럽고
이해할 수 없는 울음소리
지금이라도 뒤엉켜서
쌈질이라도 벌어질 것 같은 왕매미
숨쉬기가 힘들고 무더운 날

답답한 가슴 쓸어내리듯
소나기 한줄기 뿌렸으면
찜통 더위로 피부가 화끈거린다
구리빛으로 타버린 얼굴
저녁 한때가 원망스럽다

가을의 단상(斷想)

예로부터 백암산과 더불어
단풍과 기암 괴봉으로
경관이 뛰어난 내장산
인산인해로 도시락을 펴 놓고
둘러앉아 점심을 먹을 장소조차 없었다

늦가을 만경대 서쪽 아래
중턱 길을 걸으며 산 아래를
내려다 보는 경관이 장관이다
온 산을 붉게 타오르게 하는
단풍이 아름다움에 취하는 북한산

경기도 소금강으로
산세가 수려한 소요산
온 산이 단풍으로 절승을 이룬다
낮은 산이지만 능선길은
자갈이 많아 험한 지경에 이른다
어쩌니 해도 단풍하면 소요산이다

암벽이 많은 산 가을철에
새빨간 단풍이 바위 틈새마다
수놓은 경관은 한 폭의 그림인 대둔산
계절따라 변화가 많은
단풍철 동산에는 피아골이 적격인 지리산

천황사를 경유 철제 사다리를 지나
정상에 오르는 길은 울긋불긋한
단풍이 선경(仙境)을 이루어 한 폭의 동양화
눈이 부신 월출산

가을의 설악 대청봉 정상부터
단풍이 물들어 내리는데
어쩌면 곱게 꾸민 여인의상
가을 경치를 본다
대청봉 바위는 검고
저고리는 단풍으로 색동 저고리
아랫도리는 청록색 치마다

저무는 내장산

귀로의 탑승객들
해는 서쪽 하늘에 기울고
오색 단풍 터널 내장산 입구
감탄사가 저절로 터진다
석양 햇빛이 투사(投射) 되어
요지경 속 같은 분위기를 자아낸다

탐승객(探勝客)들은 노을을 안고
저무는 내장산을 뒤로
귀로에 오르기 바쁘다

단풍놀이가 준 즐거운 행복
모두의 얼굴에 웃음과 희망이 가득
탐승객들이 단풍나무 터널 속에서
물밀듯이 밀려 나온다
화려한 등산복 차림의 인파
연도의 승합차의 긴 행렬

천고마비의 가을
대자연의 품에 안긴 탐승객들
내일의 희망에 충만해진 등산객들
아기손 단풍의 꿈을 안고 떠나간다
풍성한 단풍놀이의 꿈을 안고 간다

눈이 내리네

눈이 내리네 하염없이 내리네
실바람 따라 소리 없이 내리네
잿빛 하늘에서 춤을 추며 내리네

눈이 내리네 하늘 가득 내리네
겨울바람 타고 함박눈이 내리네
온 세상을 은빛으로 갈아입히네

눈이 내리네 휘몰아쳐 내리네
바람에 날리는 소낙비처럼 내리네
가깝던 병원 건물이 희미하게 보이네

5월의 숲속

실바람 나부끼는 신록(新綠)의 물결
시원스러운 바람이 두 볼을 스칠 때
송골송골 맺힌 땀기가 나도 몰래 사라진다

연둣빛 5월 숲속에서 님프는 잠들고
우거진 숲정이 위로 훈풍(薰風)이 쓰다듬는 날
한가로운 녹음방초(綠陰芳草)는 청춘을 부른다

유명산(有明山)

유명산과 어비산(魚飛山)은
동서로 마주보고
그 사이로 유명천이 흐르고 있다

물고기가 장마철이면 물이 차서
산을 타고 넘나들었다고 해서
어비산이라고도 한다

산은 높지 않지만 계곡이 깊고
좌우의 기암 괴봉과
울창한 수림 맑은 계류가 흐른다

수많은 담소가 어울려
아름다운 설악산을 방불케 하고
오염이 심하지 않다

정상 일대의 고원은
말이 뛰놀았다고 해서
마유산(馬遊山)이라고도 부른다

억새로 덮인 정상 일대는
완만하고 널따란 구릉저지대
말이 뛰어놀아 넓디넓다
행글라이더의 비행훈련을 볼 수 있다

엠포로 산악회가 이곳을 통과할 때
대원 중 홍일점인 진유명(晋有明)의
이름을 따서 유명산으로 명명
유명산이 되었다고 한다

주 : 유명산 소재는 가평군 설악면, 양평군 옥천면 862m

한 겨울의 태양

계속되는 영하 14℃의 날씨
한줄기 태양빛이 그립다
눈부시게 이글거리는 태양
연보라색 하늘 동편에 솟았다
짙은 주홍색 태양 바라만 보아도
가슴이 뜨거워지는 아침

창문에 비추인 아침 해
은박지처럼 빛나는 둥근 얼굴이
팽이처럼 맴도는 모습
죽은 듯이 숨을 고르는 화초들
한숨을 돌리는 순간
오 나의 태양 나는 너를 안고 가련다

안방 마님은 떠나갔지만
동편 하늘에 치솟는 태양
거실 깊숙이 자리를 비추인다
벽면의 그림을 보고 있노라면
사랑했던 다정한 시절
아내와의 옛 추억을 더듬게 한다

겨울의 서정(抒情)

"어쩌면 좋아요?"
내 심장을 울리는 고동소리
눈 덮인 언덕
긴 물결 꼬리 이끌고
바다 멀리 똑닥선 떠나가네

한없이 펼쳐지는 겨울 항구
층층이 쌓인 채석장의 돌계단
흘러내리는 물줄기
차가운 내 가슴을 적시는 저녁

해는 서해 붉은 노을 위에 걸리고
동그랗게 남아
빨간 얼굴로
나를 뚫어지게 바라본다

이윽고 바닷물도 잠들고
항구의 겨울 서정도
깊은 잠 속으로 빠져든다
흑암의 장막이 펼쳐진다

소래포구

소래 포구의 투어(套語)* 는 젓갈
해방 후 실향민들이
새우를 잡아 젓갈을 만들어
수인선을 타고 인천 수원 부평 서울 등지로
새우젓을 이고 지고 나가 팔아서
소래 사람들의 삶을 꾸려 왔다

소래 포구는 아픈 과거를 가지고 있다
일제하 1930년 후
화약의 원료인 양질의 소금을
어역에서 수탈하기 위해 협궤철도를 건설
포구의 발전사가 시작되었다

어시장 옆으로 횟집과 선술집들이 많아
계단에서 철교 앞까지 포장마차가
줄지어 있는데 보존 여론 덕에
살아남은 철교가 남아 옛날을 말해 준다

매콤 달콤한 음식 냄새 맡으며
시장으로 들어가면 현대의 면모로 바뀐
350여 개의 좌판 점포가 자리하고 있다
새우젓 조개젓 활어 전복 게 등이 가득가득하다

썰물을 타고 나갔다가
밀물을 타고 들어오는 고깃배
아침저녁으로 포구에 닿기 때문
물 좋은 생선을 맛볼 수 있다
노천 횟집에서 생선을 바로 사서
행길 양지쪽에서 먹는 맛도 일미이다

* 투어(套語) : 상투적인 말.

왕란(王蘭)

그대가 가슴에 안고 온 왕란
그 해 첫 꽃이 피었다

십오성상을 지난 오늘
남몰래 꽃대가 올라왔다

어찌도 반가운지
“꽃대가 보이네”
“꽃대가 올라오고 있어”

하루 중에도 몇 번이고
너를 들여다 본다
기쁨을 감출 수가 없다

계사년(癸巳年) 올해
경사가 있겠구나

이게 얼마만의 꽃대인가?
하늘에서도 기뻐하시겠지 그대

얼굴을 마주보며 기다리던 꽃대
지금은 가고 없지만
왕란이 빈 가슴을 채워준다

제6부

자아실현

첼로 연주에 열중하는 첼리스트

평준화

나이가 들면
지식의 평준화
얼굴의 평준화
기억력의 평준화가
자연스럽게 이루어진다

계산해서 얻는 값과
삶의 지혜의 평준화
연륜이 쌓일수록
평준화가 빨라진다

수준기(水準器)로 재볼 수는 없지만
평준 되게 하는 것은 삶의 본질이다
다 놓고 가야할 운명

관심(關心)

한가지 일에 관심을 두면
길이 보인다
행동거지가 결정된다
이해하고 친절해진다
삶의 태도가 변한다

마음에 이끌리어 관심을 두면
연민(憐憫)의 정도
관심 속에서 솟고 애정도 싹이 튼다

"나와 너는 상관 없어" 하지만
남녀간의 애정도
관심(關心)과 관심(觀心) 속에서 이루어진다

덧 없는 인생
계수(計數)와 지혜(智慧)로
여생을 이겨내야 한다
감사와 회개(悔改)로 깨달음을 얻자

좌객(坐客)

다정했던 사람들
모두 좌객이 되어
오도 가도 못 하고
형제자매 친척과 친지
내 곁을 떠나가고 있다

나는 고독한 독거노인
이 풍진(風塵) 속에
영혼이 되어
천변만화(千變萬化) 하는
저 큰 하늘로 날아가고 있는가?

애수(哀愁)에
젖은 좌객
두문불출(杜門不出)
불출이 미덕은 아니겠지
잊을 수 없는 사람들

청춘(靑春)

청춘이란 마음의 상태
뛰어난 상상력
불 타는 정열
겁 없는 용기
20세 안팎의 젊음을 이른다

이성을 잃을 때 늙기 시작하고
열정을 잃을 때 정신이 시든다
불안 공포 염려 실망감을
가지면 늙어간다

굳은 신념과 자신감을
가지면 젊어지고
영감이 사라지면
차가운 백설이 사람의 마음 속에
쌓이기 시작한다

인생항로(人生航路)

고달픈 인생길
고령자의 존재
인간의 정체 현상
고속도로에서 전진을 못하고
길 복판에서 서 있는 현상

생각이 점멸하는 나날
뉘가 알리오 이 서글픈 삶
남몰래 소리쳐 봐도
시원치 않는 회한(悔恨)
이제 와서 눈물 흘린들 무엇하랴?

멀리서 깜박이는 등불처럼
시들고 꺼져가는 인생
근심 걱정 스트레스가 가득한 이 마음
비겁한 삶을 살지 말자고 다짐하지만
때늦은 인생항로는 무상(無常)하다

상호작용

받아들이기(reaction)
조직적인 상호관계
부분간의 화합
이는 아부가 아니고
상대방과의 소통이다

웃으며 분위기를 살릴 수 있고
아이디어를 제공하기도 하고
일의 능률을 살리기도 한다

말 한마디가 상대방을
죽이기도 하고 살리기도 하는 리액션
상호작용에 기여하는 태도가 중요하다

강물의 되어

베레모를 옆으로 눌러 쓰고
사랑노래 부르면서 이 거리를 누벼도
거칠 것 없는 내 생애 봄날의 추억
변하지 않는 소심(素心)은 그대 가슴에

누구를 위해 세레나데를 불러주나요?
추억의 뒤안길에서 살아온 여자의 일생
밤하늘에 별을 헤며 당신을 기다리지만
내 맘속엔 눈물이 강물 되어 흘러내린다

시(詩)의 감상

좋은 시를 만나면
그 시를 이해하는 데도
때와 장소가 효과를 높인다

시는 노래와 음악을 들으며
읽거나 읊으면 큰 감동을 받는다
머리 속에 입력된 자연경관을 연상하며
그 범위가 넓고 깊어진다

송별(送別) 유별(留別) 해후(邂逅)
방문(訪問) 증답(贈答) 등
친구와의 교우를 작품 속에서 찾아 읽어보자
지나친 음주는 오히려 감정을 흐리게 한다

시의 감상은 여러 번 되풀이해서 읽을 때
심회계시(心懷啓示)의 성질을 띤다
시는 설화가 아니다
시가 일상생활의 감정과 관련해서
깊은 호소력을 지닌다

잊을 수 없는 사람들

우리는 초등 동기생
시속 90km로 달리는 인생
말벗이 되어 노후를 달래준다

잊어서는 안될 사람들
잊고 사는 내가 부끄러운
보석보다 귀한 동창 동기들

생애 최고의 기쁨인가?
마음 문을 연 우정의 불꽃
신실(信實)한 문우(文友)를 만나는 날

스산한 바람이 불고 눈 내리는 날
첫딸은 등에 업고
고향역 플랫폼에 마중 나온 처(妻)

주막집 지게문 가에 앉아
막걸리 잔 위에 어린
붉은 노을을 마시고 있는 동업자(교사)

속세의 무거운 죄짐
나 홀로 다 내려놓고
말없이 떠나간 누이

초가집 담장 밑에서
소꿉놀이 하면서 내 이름을 불러주던
댕기머리 소녀의 미소

극적인 해후(邂逅)로
밤샘 소담(笑談) 하다가
아내의 치마끈을 당기는 밤

꿈엔들 잊으리 한가위 보름날 밤
마을 유허비(遺墟碑) 둘레에 모여
창가를 부르던 어린 형제자매들

가슴 복판에서 가을 바람소리
심한 각혈로 사경을 헤매는 나에게
'리파틴' 약을 전해준 소아과 의사

삼풍아파트 붕괴로
얼룩진 마음의 상처가 괴로워
오늘의 번뇌가 된 둘째 딸

시한부 인생을 살고
불티처럼 꺼져간 그대가
한없이 애처롭고 불쌍하다

한마디 말도 없이
황천객(黃泉客)이 된 양정섭 군의 우정
이렇게 가슴 쓰라리게 할 줄이야

미인과 서울

청춘 남녀들의 동경의 대상인 서울
통념(通念)이 만든
당연히 서울의 특권이다
서울이 지방의 미인을 불러 모았다
압도적으로 서울이 미인 천국

자신이 얼짱이면 서울로
미인을 보고 싶으면 서울로
서울은 세계적인 미인의 도시
인구의 40% 이상이
서울 도시권에 살고 있다

미인끼리 경합을 이루는 곳
최첨단 성형수술의 발달
근대적 양질의 화장품 개발
미는 점점 연마되고 세련되어 간다
idea는 점점 V, S 라인을 추구한다

한국이란 나라 서울이란 도시
역사의 전통이 숨 쉬는 곳
서울이 미인의 도시를 만들었다
선남선녀의 선망(羨望)의 대상
서울 미인이여 영원하라
모태미인 자연미인이여 안녕

계수(計數)와 지혜(智慧)

남은 날을 계수하는 지혜의 능력
계수함은 내 목숨을 계산한다는 뜻
목숨을 계산하면 현재처럼 살지 않는다

남은 날을 계수하여 종말에 대비하자
오늘과 내일 모래로 갈 길을 가야하는 우리
말씀과 성령에 따라 새 힘을 받아 삶을 이루자

행복의 절정(絶頂)

칭찬과 비난의 소리
귀를 기울여 들어보자
비난의 소리는 우울증을 일으키고
정신분열증을 유발할 수 있다
행·불행은 마음 먹기에 달려 있다

지금 당면한 시간을 즐기자
내 생애에 이 시간은 다시 오지 않는다
행운 행복의 해피니스(Happiness)는
시간 속에 살아질 뿐이다
행복감의 목표를 선정하지 말라

행복은 인간이 모두 추구할 수 있는 권리
행복을 추구하는 것은 인생의 궁극적 목적이다
기쁘고 넉넉하고 푸근함이 절정에 이를 때
행복감은 가슴 뿌듯하게 찬다
행·불행의 절정은 누구에게나 있다

허공을 달리는 마음

새벽 북쪽 창 앞에서 조용히 책을 읽는다
넘기는 책 속에 담긴 사연
다시 되새기며 삼매경(三昧境)에 빠진다
눈은 시구(詩句)를 읽어가지만
마음은 또 다른 세계를 구상하고
망상이 되어 기찻길 위로 달린다
빈 수레가 허겁지겁 이 몸을 싣고
꿈결 속의 그림자 따라 달려간다

꿈은 그 일렁이는 허공을 달리며
차창에 어리는 또 하나의 나와 같이
귀와 눈을 하늘 향해 열고 선 나그네
혼자서 즐겨 부르던 노래를 불러본다
한 편의 시구를 남기고 싶어
두고 온 내 고향 푸른 하늘과 실개천
유몽시절의 기억들이 주마등처럼 스쳐간다
어릴 적 친구들은 어디서 무엇이 되어 다시 만날꼬?

낭만 · 2

음악에 맞추어 몸으로 춤을 추어도
가슴에 안고 애정의 윙크도 이젠 그만
감미롭고 자유로운 로맨스
동일로의 거리를 스쿠터로 달리는 발길조차도
달콤한 웃음을 잃은 지 오래다

바라만 볼 수 없는 그대의 모습
고독이 밀려오는 이 한밤의 그리움
견딜 수 없는 환상적 공상에 빠져
그대 눈에서 흘러내리던 눈물
지금은 내 가슴에 강물 되어 흐른다

채워도 채워도 메울 수 없는
허전한 선달 그믐날 자정
제야의 종소리가 울려 퍼진다
가슴에 가득 찬 낭만의 꿈을 안고
끼리끼리 짝을 지어 이 밤의 감상에 젖는다

석별(惜別)

기댈 곳 없는 독거남
마음을 담을 그릇조차도 없네
그리움에 젖어 발버둥치지만
내 죄짐보다 무거운 이별
그대 없는 둥지에 홀로 남았네

달 밝은 밤에 피어나는 목련화
그림자 따라 같이 걷고 싶지만
활짝 핀 웃음은 수심(愁心)을 안고 가버렸네
모든 것 다 잊고 잊어야 한다지만
못 잊을 그대는 꿈길에만 찾아오는가?

이별은 사랑보다 슬픈 것이라고
낙엽 따라 헤매 도는 길 잃은 독거남
홀로 남아 슬픔을 되새김 하며
그대를 지키지 못한 안타까운 심정
새록새록 생각나는 그리운 사람

•

김봉렬 시인의 호는 청봉이고 광주사범학교를 졸업 후 38년간 교직에 종사하면서 화업을 겸한 화가이기도 하다. 국민훈장 석류장을 수상했으며 원로작가 초대전, 한국미술협회 회원전 등을 가졌으며 한국미협 회원, 한국문협 회원으로 활동하고 있으며 제1회 노원미술상을 수상했다. 시집에 『유몽시절』, 『크리스마스트리』와 『황혼의 엘레지』가 있다.

•

황혼의 엘레지

2013년 3월 15일 인쇄
2013년 3월 20일 발행

지은이 / 김봉렬
발행인 / 박진환
펴낸곳 / 조선문학사
등록번호 / 1-2733
주소 / 110-092 서울 서대문구 홍제2동 96-4
대표전화 / 730-2255
팩스 / 723-9373

ISBN 978-89-98115-09-8

정가 10,000원